D'VARIM / DEUTERONOMIO

Libro de Actividades

D'varim | Deuteronomio - Libro de Actividades con Porciones de la Torá

Todos los derechos reservados. Al comprar este Libro de actividades, el comprador puede copiar las hojas de actividades solo para uso personal y en el aula, pero no para reventa comercial. Con la excepción de lo anterior, este Libro de actividades no puede reproducirse total o parcialmente de ninguna manera sin el permiso por escrito del editor.

Bible Pathway Adventures® es una marca registrada de BPA Publishing Ltd.
Defenders of the Faith® es una marca registrada de BPA Publishing Ltd.

ISBN: 978-1-98-858591-8

Autora: Pip Reid
Director Creativo: Curtis Reid
Editor: Samia Egan

Para obtener recursos bíblicos gratuitos y Paquetes para Maestros, incluyendo páginas para colorear, hojas de trabajo, exámenes y más, visite nuestro sitio web en:

shop.biblepathwayadventures.com

◈ INTRODUCCIÓN ◈

Sus estudiantes AMARÁN aprender acerca de la Torá con nuestro Libro de Actividades con Porciones de la Torá D'varim / Deuteronomio. Hemos empaquetado cada porción de la Torá con cuestionarios Bíblicos, hojas de trabajo, búsqueda de palabras, y preguntas para ayudar a los educadores, así como tú, a enseñar a los niños la fe Bíblica de una manera divertida y atractiva. Es el recurso perfecto para su Shabat o clase de Escuela Dominical y para los educadores en el hogar. Incluye referencias a las escrituras para facilitar la búsqueda, además de una clave de respuestas práctica para los educadores.

Bible Pathway Adventures asiste a maestros y padres de familia a enseñar a los niños acerca de la Fe Bíblica de una manera creativa y divertida. Esto es posible mediante nuestros libros de cuentos ilustrados, paquetes para maestros, libros de actividades, y actividades imprimibles. Todo está disponible para ser descargado en nuestro sitio web www.biblepathwayadventures.com

Gracias por comprar este Libro de Actividades y apoyar nuestro ministerio. Cada libro comprado nos ayuda a continuar con nuestro trabajo proporcionando recursos y enseñanzas gratis de discipulado a familias y misiones en todas partes.

¡La búsqueda de la Verdad es más divertida que la Tradición!

TABLA DE CONTENIDOS

Introduction 3
El alfabeto Hebreo 7

D'varim
D'varim, Cuestionario de Lectura de la Torá 10
D'varim, Cuestionario de Lectura de los Profetas 11
D'varim, Cuestionario de Lectura de los Apóstoles 12
D'varim, Sopa de Letras 13
D'varim, Hoja de Trabajo 14
D'varim, Página para Colorear 15
Aprendamos Hebreo: D'varim 16
D'varim: Reflexionemos 17

Va'etjanan
Va'etjanan, Cuestionario de Lectura de la Torá 18
Va'etjanan, Cuestionario de Lectura de los Profetas 19
Va'etjanan, Cuestionario de Lectura de los Apóstoles 20
Va'etjanan, Sopa de Letras 21
Va'etjanan, Hoja de Trabajo 22
Va'etjanan, Página para Colorear 23
Aprendamos Hebreo: Va'etjanan 24
Va'etjanan: Reflexionemos 25

Eikev
Eikev, Cuestionario de Lectura de la Torá 26
Eikev, Cuestionario de Lectura de los Profetas 27
Eikev, Cuestionario de Lectura de los Apóstoles 28
Eikev, Sopa de Letras 29
Eikev, Hoja de Trabajo 30
Eikev, Página para Colorear 31
Aprendamos Hebreo: Eikev 32
Eikev: Reflexionemos 33

Re'eh
Re'eh, Cuestionario de Lectura de la Torá 34
Re'eh, Cuestionario de Lectura de los Profetas 35
Re'eh, Cuestionario de Lectura de los Apóstoles 36
Re'eh, Sopa de Letras 37
Re'eh, Hoja de Trabajo 38
Re'eh, Página para Colorear 39
Aprendamos Hebreo: Re'eh 40
Re'eh: Reflexionemos 41

Shoftim
Shoftim, Cuestionario de Lectura de la Torá 42
Shoftim, Cuestionario de Lectura de los Profetas 43
Shoftim, Cuestionario de Lectura de los Apóstoles 44
Shoftim, Sopa de Letras 45
Shoftim, Hoja de Trabajo 46
Shoftim, Página para Colorear 47
Aprendamos Hebreo: Shoftim 48
Shoftim: Reflexionemos 49

Ki Teitzei
Ki Teitzei, Cuestionario de Lectura de la Torá 50
Ki Teitzei, Cuestionario de Lectura de los Profetas 51
Ki Teitzei, Cuestionario de Lectura de los Apóstoles 52
Ki Teitzei, Sopa de Letras 53
Ki Teitzei, Hoja de Trabajo 54
Ki Teitzei, Página para Colorear 55
Aprendamos Hebreo: Ki Teitzei 56
Ki Teitzei: Reflexionemos 57

Ki Tavo
Ki Tavo, Cuestionario de Lectura de la Torá 58
Ki Tavo, Cuestionario de Lectura de los Profetas 59
Ki Tavo, Cuestionario de Lectura de los Apóstoles 60
Ki Tavo, Sopa de Letras 61
Ki Tavo, Hoja de Trabajo 62
Ki Tavo, Página para Colorear 63
Aprendamos Hebreo: Ki Tavo 64
Ki Tavo: Reflexionemos 65

Nitzavim
Nitzavim, Cuestionario de Lectura de la Torá 66
Nitzavim, Cuestionario de Lectura de los Profetas 67
Nitzavim, Cuestionario de Lectura de los Apóstoles 68
Nitzavim, Sopa de Letras 69
Nitzavim, Hoja de Trabajo 70
Nitzavim, Página para Colorear 71
Aprendamos Hebreo: Nitzavim 72
Nitzavim: Reflexionemos 73

Vayelej
Vayelej, Cuestionario de Lectura de la Torá 74
Vayelej, Cuestionario de Lectura de los Profetas 75
Vayelej, Cuestionario de Lectura de los Apóstoles 76
Vayelej, Sopa de Letras 77
Vayelej, Hoja de Trabajo 78
Vayelej, Página para Colorear 79
Aprendamos Hebreo: Vayelej 80
Vayelej: Reflexionemos 81

Ha'azinu
Ha'azinu, Cuestionario de Lectura de la Torá 82
Ha'azinu, Cuestionario de Lectura de los Profetas 83
Ha'azinu, Cuestionario de Lectura de los Apóstoles 84
Ha'azinu, Sopa de Letras 85
Ha'azinu, Hoja de Trabajo 86
Ha'azinu, Página para Colorear 87
Aprendamos Hebreo: Ha'azinu 88
Ha'azinu: Reflexionemos 89

V'Zot HaBerajah
V'Zot HaBerajah, Cuestionario de Lectura de la Torá 90
V'Zot HaBerajah, Cuestionario de Lectura de los Profetas 91
V'Zot HaBerajah, Cuestionario de Lectura de los Apóstoles 92
V'Zot HaBerajah, Sopa de Letras 93
V'Zot HaBerajah, Hoja de Trabajo 94
V'Zot HaBerajah, Página para Colorear 95
Aprendamos Hebreo: V'Zot HaBerajah 96
V'Zot HaBerajah: Reflexionemos 97

Guía de Respuestas 98
¡Descubre más Libros de Actividades! 104

APRENDAMOS HEBREO

El alfabeto Hebreo tiene 22 letras.
Utiliza esta tabla para guiarte mientras aprendes la palabra Hebrea para cada Porción de la Torá.

Alef	Bet	Guímel	Dálet	Hei
א	ב	ג	ד	ה

Vav	Zayn	Jet	Tet	Yod
ו	ז	ח	ט	י

Kaf	Lamed	Mem	Nun	Sámej
כ	ל	מ	נ	ס

Ayin	Pei	Tzadi	Kof	Resh
ע	פ	צ	ק	ר

Shin	Tav			
ש	ת			

ESCRIBAMOS!

Practica escribiendo estas letras Hebras en las lineas de abajo. Recuerda que el Hebreo se escribe de DERECHA a IZQUIERDA.

אבגדהוזחטי

ESCRIBAMOS!

Practica escribiendo estas letras Hebras en las lineas de abajo. Recuerda que el Hebreo se escribe de DERECHA a IZQUIERDA.

D'VARIM, LECTURA DE LA TORÁ

Lee Deuteronomio 1:1-3:22.
Responde las siguientes preguntas.

1. ¿Cuántos días de viaje hay entre Horeb y Cades Barnea? ....

2. ¿A cuáles dos reyes derrotaron los Israelitas? ....

3. ¿A quiénes designó Moisés para que escucharan los casos del pueblo? ....

4. ¿Por qué los Israelitas tenían miedo de ir a la Tierra Prometida? ....

5. ¿A cuáles dos hombres que espiaron la Tierra Prometida se les permitió entrar? ....

6. ¿Por cuántos años los Israelitas vivieron en el desierto? ....

7. ¿A qué pueblo les dijo Yah a los Israelitas que no molestaran? ....

8. ¿Dónde los Israelitas cruzaron la frontera de Moab? ....

9. ¿Qué tan grande era la cama del Rey Og? ....

10. "No les tengas ____ porque Yah, tu Elohim, es quien pelea por ti". ....

D'VARIM, LECTURA DE LOS PROFETAS

Lee Isaías 1:1-27.
Responde las siguientes preguntas.

1. ¿Quién era el padre de Isaías?

2. ¿Sobre quién era la visión?

3. ¿Quiénes fueron los cuatro reyes de Judá?

4. "Israel no entiende, Mi _____ no tiene conocimiento".

5. ¿A quién despreciaban los Israelitas?

6. "Harto estoy de la _____ de toros, corderos o cabras".

7. ¿Qué es una abominación para Yah?

8. "Aunque sus pecados sean _____ se volverán blancos como la nieve".

9. ¿Qué les pasaría a los Israelitas si son dispuestos y obedientes?

10. ¿Quién será redimida por juicio?

D'VARIM, LECTURA DE LOS APÓSTOLES

Lee Santiago 2:1-9, Hechos 7:38-45 y Hebreos 3:7-4:11.
Responde las siguientes preguntas.

1. ¿Qué le dijeron los Israelitas a Aarón en Hechos 7:40? ....

2. ¿Qué fabricó Aarón para los Israelitas? ....

3. "Se hicieron cargo del tabernáculo de ____, de la estrella de su dios Refán, y de las imágenes que hicieron para adorarlas". ....

4. ¿Qué tipo de tabernáculo tenían los Israelitas en el desierto? ....

5. ¿Cómo quiere Yah que nos tratemos el uno al otro? (Santiago 2:1) ....

6. ¿Qué tipo de personas nos oprimen y nos arrastran a los tribunales? ....

7. "Ama a tu ____ como a ti mismo". (Santiago 2:8) ....

8. ¿Por qué los Israelitas no podían entrar a la Tierra Prometida? ....

9. ¿En qué día Yah descansó de todas Sus obras? ....

10. "Si ustedes oyen hoy su ____, no endurezcan el corazón". (Heb 4:7) ....

D'VARIM

Lee Deuteronomio 1:1-3:22.
Encuentra y haz un círculo en cada una de las palabras de la siguiente lista.

```
G I G A N T E S Q P R S L R A Z J J M F
X W P B M D X G Z D A C M E S B N D V B
R H L R M O D S G H M K T B H P Y R M B
F E A Z A M A H X E W P Y E O Z D I N C
X A Y O R Y K B M W Q E R L R C O P S A
E L S J R O F K I S D O Z D E X S Y Q L
G D R C O H P Y S T L L E B N S K N E
W E G S J J M Y S N A E Y N J I I J B
K A X E O J H S I O I S H F L M Q Y C L
U S M C E C T L B R W N P D Í X H R R J
T V R G M Y F P D W H T F N D J Z C Z O
J H Q W C I R Q J U E C E S E E G C S S
N J A M O R I T A S Z G X J R H U F Q U
C Y H G T Z Q C Q J G T K P E P T I U É
U P Q T Z K O L A O X W V W S W J G B P
Q J R C E P L E Q R B J B D I E A C N S
J L N C G M Q A Q D A B S I H O N U E S
G A L A A D P J U Á J B A S C L H W N E
O K B A S Á N C A N V L G J Q I O Q V O
N J B Z Y O E P D M L G V M U M F K C D
```

JOSUÉ LÍDERES SIHON JUECES
MAR ROJO CALEB AMORITAS REY
HOREB ALDEAS GIGANTES REBELDE
MOABITAS GALAAD BASÁN JORDÁN

D'varim

Haz un dibujo de Og, el rey gigante de Basán.

¿Cómo describirías el carácter de Caleb?

Esta porción de la Torá me enseña...

Dibuja el campamento Israelita en el Monte Horeb. ¡Recuerda incluir el Tabernáculo!

¡GIGANTES!

Abre tu biblia y lee Deuteronomio 1-3.
Responde las preguntas. Colorea la imagen.

1. ¿Porqué los Israelitas tenían miedo de entrar a la Tierra Prometida?
(versículo 1:28)

....
....
....
....

2. ¿Cuál fue el último rey de los Refaítas (gigantes)?
(versículo 3:11)

....
....
....
....

3. ¿Qué tan grande era la cama del rey? (versículo 3:11)

....
....
....
....

D'varim | Deuteronomio - Libro de Actividades con Porciones de la Torá

D'VARIM

"Estas son las palabras que habló Moisés a todo Israel a este lado del Jordán en el desierto, en el Arabá frente al Mar Rojo, entre Parán, Tofel, Labán, Hazerot y Dizahab. Once días de camino hay desde Horeb, camino del monte de Seir, hasta Cades-Barnea."

Deuteronomio 1:1-2

D'varim

"Palabras"

דְּבָרִים

Traza la palabra Hebrea aquí:

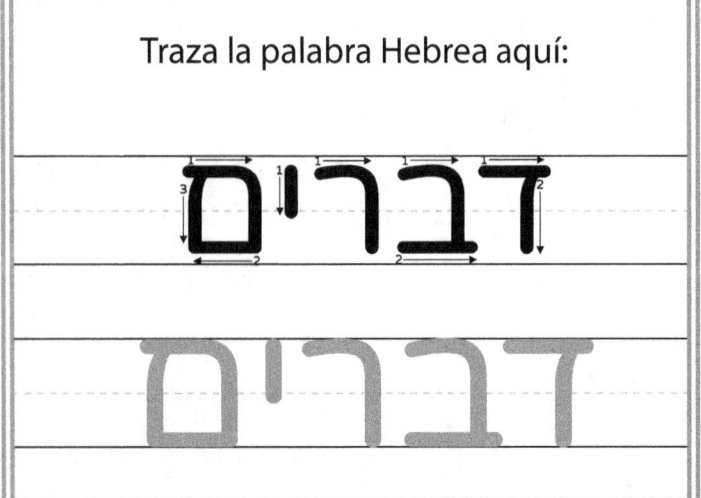

Escribe la palabra Hebrea aquí:

REFLEXIONEMOS: D'VARIM

Abre tu Biblia y lee los versículos mencionados a continuación.
Reflexiona estas preguntas con tu familia, amigos y compañeros de clase.

1. Lee Deuteronomio 1:1-3:22. En esta Porción de la Torá, Moisés hace el recuento de la historia a los Israelitas jóvenes, del viaje de los Israelitas a través del desierto. ¿Por qué crees que les tomó a los Israelitas cuarenta años llegar a la Tierra Prometida?

2. Lee Deuteronomio 1:32 y Hebreos 3:19. ¿Por qué Yah no le permitió a la generación más vieja de Israelitas entrar a la Tierra Prometida? ¿Cómo puedes aplicar esta lección a tu propia vida?

3. Lee Deuteronomio 2:9-3:11. Este pasaje de la Biblia menciona a gigantes (Nefilim). Investiga. ¿Crees que había gigantes que vivían en la tierra?

4. Lee Santiago 2:1-9. Yah nos pide que no mostremos parcialidad. ¿Qué significa esto? ¿Cómo puedes aplicar esta instrucción en tu propia vida?

5. Lee Deuteronomio 1:19-33 y Hechos 7:38-43. ¿Qué errores cometió Israel en el desierto? ¿Qué puedes aprender de esos errores?

6. Lee Hechos 7:38-35. Mientras los Israelitas estuvieron en el desierto, eligieron adorar a otros dioses y no a Yah, el Dios de Abraham, Isaac y Jacob. ¿Qué es el adulterio espiritual?

VA'ETJANAN, LECTURA DE LA TORÁ

Lee Deuteronomio 3:23-7:11.
Responde las siguientes preguntas.

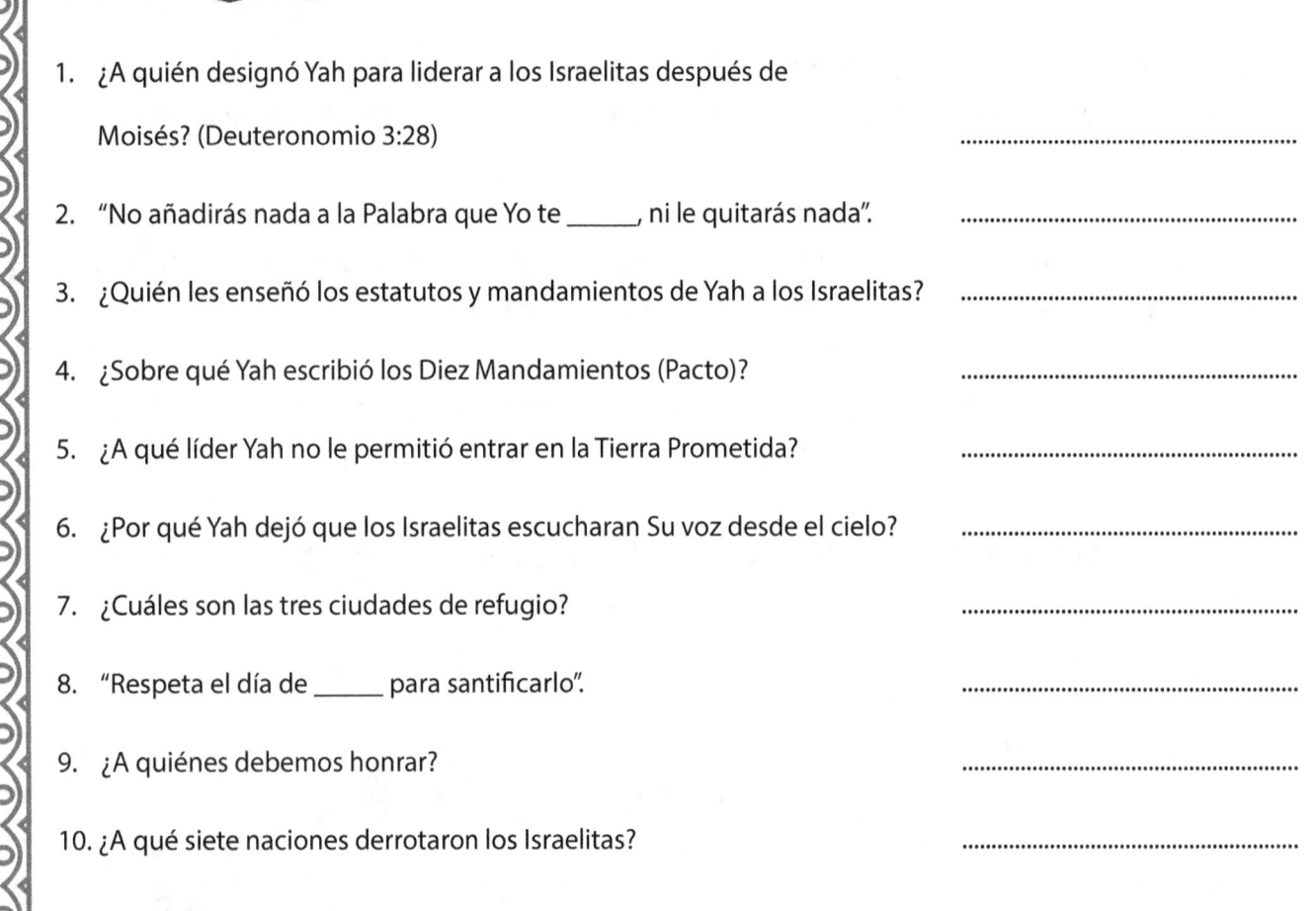

1. ¿A quién designó Yah para liderar a los Israelitas después de Moisés? (Deuteronomio 3:28) ....

2. "No añadirás nada a la Palabra que Yo te _____, ni le quitarás nada". ....

3. ¿Quién les enseñó los estatutos y mandamientos de Yah a los Israelitas? ....

4. ¿Sobre qué Yah escribió los Diez Mandamientos (Pacto)? ....

5. ¿A qué líder Yah no le permitió entrar en la Tierra Prometida? ....

6. ¿Por qué Yah dejó que los Israelitas escucharan Su voz desde el cielo? ....

7. ¿Cuáles son las tres ciudades de refugio? ....

8. "Respeta el día de _____ para santificarlo". ....

9. ¿A quiénes debemos honrar? ....

10. ¿A qué siete naciones derrotaron los Israelitas? ....

VA'ETJANAN, LECTURA DE LOS PROFETAS

Lee Isaías 40:1-26.
Responde las siguientes preguntas.

1. "En el _____ preparen el camino para el SEÑOR; enderecen en la estepa un sendero para nuestro Dios". ....

2. ¿Qué permanecerá para siempre? (Isaías 40:8) ....

3. "Yah llega con _____ y con Su brazo gobierna..." ....

4. ¿Cómo Yah cuidará Su rebaño? ....

5. ¿Con qué se comparan las naciones? ....

6. ¿Qué no alcanza para combustible? ....

7. ¿Con qué insecto se compara la gente en la tierra? ....

8. ¿Dónde se sienta Yah? ....

9. ¿Cómo Yah extiende los cielos? ....

10. ¿A quiénes Yah reduce a la nada? ....

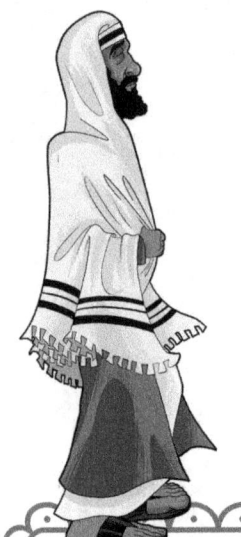

VA'ETJANAN, LECTURA DE LOS APÓSTOLES

Lee Romanos 1:18-25, Marcos 12:28-34 y
1 Corintios 6:19-20.
Responde las siguientes preguntas.

1. ¿Qué se revela desde el cielo contra toda impiedad e injusticia de los hombres? (Romanos 1:18) ....

2. ¿Cuáles son los atributos invisibles de Yah? ....

3. "Profesando ser sabios, se hicieron ____". (Romanos 1:22) ....

4. ¿Por qué cosas los Israelitas cambiaron la gloria de Yah? ....

5. ¿Qué le preguntó un escriba a Yeshua en Marcos 12:28? ....

6. ¿Cuál es el mandamiento más importante? (Marcos 12:30) ....

7. ¿Cuál es el segundo mandamiento más importante? ....

8. ¿Qué es mucho más que ofrendas quemadas y sacrificios? ....

9. "Tu ____ es un templo del Espíritu Santo". (1 Corintios 6:19) ....

10. "Fueron comprados por un ____, por lo tanto, glorifiquen a Yah en su cuerpo". (1 Corintios 6:20) ....

VA'ETJANAN

Lee Deuteronomio 3:23-7:11. Encuentra y haz un círculo en cada una de las palabras de la siguiente lista.

JOSUÉ	EGIPTO	MANDAMIENTOS	SHABAT
HOREB	ABRAHAM	ADORACIÓN	CIELO
REFUGIO	HIJOS	FUEGO	JORDÁN
SANTO	FARAÓN	BÉSER	ÍDOLOS

Va'etjanan

Dibuja tu imagen favorita de esta Porción de la Torá. ¡Usa tu imaginación!

Si la entrega de los Diez Mandamientos fuera un libro, la portada se vería así...

Esta porción de la Torá me enseña...

Haz una lista de los Diez Mandamientos en Deuteronomio 5:1-21.

PÁGINA PARA COLOREAR

Los Israelitas

⭐ VA'ETJANAN ⭐

"Y oré a Yah en aquel tiempo, diciendo: Señor Yah, Tú has comenzado a mostrar a tu siervo Tu grandeza, y Tu mano poderosa; porque ¿qué dios hay en el cielo ni en la tierra que haga obras y proezas como las tuyas?"

Deuteronomio 3:23-24

Traza la palabra Hebrea aquí:

Escribe la palabra Hebrea aquí:

www.biblepathwayadventures.com

D'varim | Deuteronomio - Libro de Actividades con Porciones de la Torá

© BPA Publishing Ltd 2020

REFLEXIONEMOS: VA'ETJANAN

Abre tu Biblia y lee los versículos mencionados a continuación.
Reflexiona estas preguntas con tu familia, amigos y compañeros de clase.

1. Lee Deuteronomio 4:1-14. En tu vida, ¿pruebas y obedeces las instrucciones de Yah? Si es así, ¿cómo ha mejorado tu vida por hacerlo?

2. Lee Éxodo 20, Deuteronomio 5:2-21 y Marcos 12. ¿Cómo resumirías la Torá en una o dos oraciones?

3. Lee Deuteronomio 5:1-7:11. La Torá bendice a Israel de muchas formas. ¿Cómo el obedecer a la Torá te protege y te guarda?

4. Lee Deuteronomio 5:16. Yah nos pidió honrar a nuestra madre y nuestro padre. ¿Cómo haces esto en tu propia vida?

5. Lee Deuteronomio 7:1-11. ¿Por qué crees que Yah les dijo a los Israelitas que destruyeran a los Cananeos, Hititas, Jebuseos, etc., ¿que no les mostraran piedad y no hicieran pactos con ellos? ¿Las mismas reglas aplican para nosotros hoy en día?

6. Lee 1 Corintios 6:19-20. ¿Cómo puedes glorificar a Yah con tu cuerpo?

EIKEV, LECTURA DE LA TORÁ

Lee Deuteronomio 7:12-11:25.
Responde las siguientes preguntas.

1. "Yah apartará de ti toda _____ y todas las malas plagas de Egipto". ....

2. ¿Qué dijo Yah que se hiciera con los falsos dioses de sus enemigos? ....

3. ¿Por qué Yah guió a los Israelitas a través del desierto por cuarenta años? ....

4. ¿Qué no se desgastó mientras los Israelitas estuvieron en el desierto? ....

5. "Como un hombre disciplina a su hijo, Yah también te _____". ....

6. ¿Con qué Yah alimentó a los Israelitas en el desierto? ....

7. ¿Qué pasará si los Israelitas sirven y adoran a otros dioses? ....

8. ¿Qué hizo Moisés con el becerro de oro? ....

9. ¿De qué tipo de madera Moisés hizo un arca? ....

10. ¿Qué pasó con Datán y Abirán? ....

EIKEV, LECTURA DE LOS PROFETAS

Lee Isaías 49:14-51:3.
Responde las siguientes preguntas.

1. ¿Qué dijo Sion? ....

2. "Te he _____ en las palmas de Mis manos". ....

3. ¿Quiénes serán tus padres adoptivos? ....

4. ¿Quiénes serán tus nodrizas? ....

5. ¿Quiénes no caerán en desgracia? ....

6. "Yo soy el Señor tu Salvador, y tu _____, el Poderoso de Jacob". ....

7. ¿Con qué Yah repudiará a Israel? ....

8. ¿Con qué Yah revestirá los cielos? ....

9. ¿Qué dos famosos personajes de la Biblia se mencionan en Isaías 51:1-3? ....

10. ¿En qué convertirá Yah el desierto de Sion? ....

EIKEV, LECTURA DE LOS APÓSTOLES

Lee Hebreos 12:5-11, Romanos 8:31-39 y 1 Juan 2:3-5.
Responde las siguientes preguntas.

1. ¿Qué no debemos despreciar? (Hebreos 12:5)

2. ¿A quién disciplina Yah?

3. "¿Qué hijo hay a quien su ____ no discipline?"

4. ¿Por qué Yah disciplina a Sus hijos?

5. ¿Cuáles son los beneficios de la disciplina?

6. "Si Yah está por nosotros, ¿quién puede ir ____ nosotros? (Romanos 8:31)

7. ¿Qué hace Yeshua por nosotros? (Romanos 8:34)

8. "Pero en todas estas cosas somos más que ____ por medio de Él que nos amó".

9. "Quien diga "lo conozco" pero no respeta Sus ____ miente..." (1 Juan 2:4)

10. ¿Qué le pasa a quien respete Su Palabra?

EIKEV

Lee Deuteronomio 7:12-11:25.
Encuentra y haz un círculo en cada una
de las palabras de la siguiente lista.

PRUEBA	EGIPTO	MANDAMIENTOS	PIEDRA
TABLAS	BENDICIÓN	NACIONES	ISRAEL
JUSTO	DISCIPLINA	MONTAÑA	BECERRO
MOISÉS	FARAÓN	FRUTO	CORAZÓN

Eikev

Dibuja a Moisés escalando el Monte Sinaí con las tablas de piedra.

Escribe una entrada de diario del día en que Moisés destruyó el becerro de oro.

Esta Porción de la Torá me muestra...

Escribe una lista de bendiciones por obedecer los mandamientos de Yah.

INSTRUCCIONES DE YAH

Abre tu Biblia y lee Deuteronomio 7.
Responde las preguntas. Colorea la imagen.

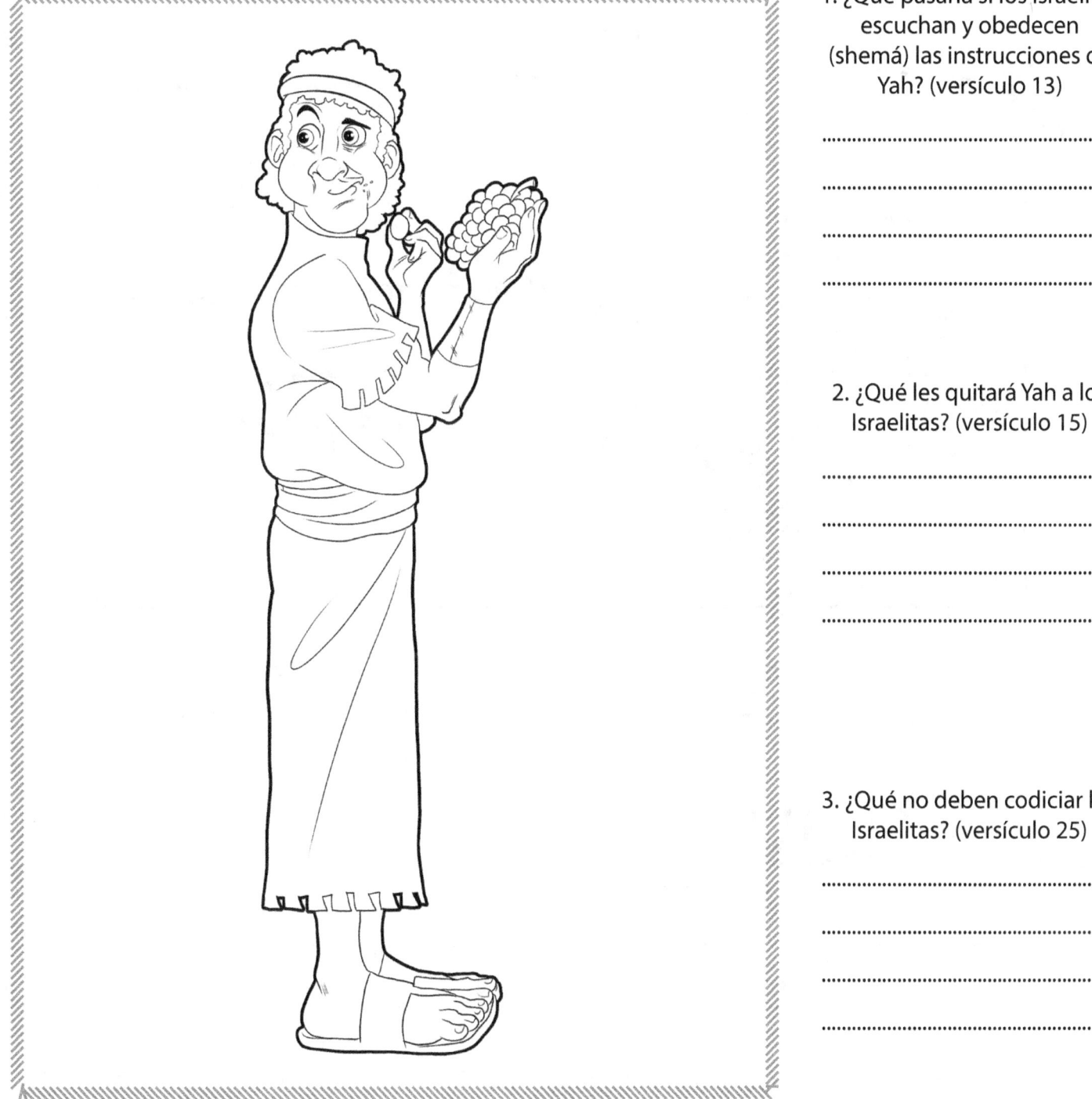

1. ¿Qué pasaría si los Israelitas escuchan y obedecen (shemá) las instrucciones de Yah? (versículo 13)

....
....
....
....

2. ¿Qué les quitará Yah a los Israelitas? (versículo 15)

....
....
....
....

3. ¿Qué no deben codiciar los Israelitas? (versículo 25)

....
....
....
....

EIKEV

"Y por haber oído estos decretos y haberlos guardado y puesto por obra, Yah tu Dios guardará contigo el pacto y la misericordia que juró a tus padres. Y te amará, te bendecirá y te multiplicará."

Deuteronomio 7:12-13

Eikev

"Solamente (si lo sigues)"

עֵקֶב

Traza la palabra Hebrea aquí:

עקב

עקב

Escribe la palabra Hebrea aquí:

REFLEXIONEMOS: EIKEV

Abre tu Biblia y lee los versículos mencionados a continuación.
Reflexiona estas preguntas con tu familia, amigos y compañeros de clase.

1. Lee Deuteronomio 7:12-8:20. ¿Qué bendiciones les prometió Yah a los Israelitas si obedecían Sus instrucciones? ¿Qué crees que pasará en tu vida si obedeces a Yah?

2. Lee Deuteronomio 8:1-20. ¿Qué puede anular las bendiciones de Yah de nuestras vidas?

3. Lee Deuteronomio 8:1-3. ¿Por qué Yah guió a los Israelitas a través del desierto por cuarenta años?

4. Lee Deuteronomio 9:1-29. ¿Por qué Yah decidió no destruir a los Israelitas?

5. Lee Deuteronomio 10:12-22. ¿Qué significa tener un corazón circuncidado?

6. Lee Deuteronomio 11:1 y 1 Juan 2:3-5. ¿Cómo le mostramos a Yah que lo amamos?

7. Lee Hebreos 12:5-11. ¿Por qué Yah necesita disciplinarnos? ¿Cómo se refleja en nuestras vidas cuando Él hace esto?

RE'EH, LECTURA DE LA TORÁ

Lee Deuteronomio 11:26-16:17.
Responde las siguientes preguntas.

1. ¿Qué puso Yah ante los Israelitas? ....
2. ¿Qué quemarán con fuego los Israelitas? ....
3. ¿Qué no pueden comer los Israelitas en sus ciudades, pero sí comer ante Yah? ....
4. ¿De qué tierra Yah sacó a los Israelitas? ....
5. "Yah te ha elegido para ser un _____ para Su valiosa posesión". ....
6. "Lo que no tenga _____ y _____ no comerás; es impuro". ....
7. ¿Qué no debes hervir en la leche de su madre? ....
8. ¿Por qué un Israelita no debe descuidar a un Levita? ....
9. ¿Qué le pasará a un esclavo Hebreo en el séptimo año? ....
10. ¿Cuánto dura la Fiesta de Sukkot (Tabernáculos)? ....

RE'EH, LECTURA DE LOS PROFETAS

Lee Isaías 44:11-54:5.
Responde las siguientes preguntas.

1. ¿Sobre qué el herrero trabaja su herramienta? ....

2. ¿Qué nutre a un cedro? ....

3. ¿Cómo el carpintero hornea pan? ....

4. "Porque Israel, tú eres Mi _____." ....

5. "He disipado tus _____ como una nube…" ....

6. ¿Quién desplegó los cielos y expandió la tierra? ....

7. ¿La mano de quién cogió Yah? ....

8. "Marcharé frente de ti y _____ las montañas…" ....

9. ¿Cuál de los sirvientes de Yah es mencionado en Isaías 45:4? ....

10. "Yo Soy Yah tu Elohim y no hay _____; fuera de mí no hay Dios". ....

RE'EH, LECTURA DE LOS APÓSTOLES

Lee 1 Corintios 5:9-13, 2 Pedro 2:1-22 y Hebreos 4:1-10.
Responde las siguientes preguntas.

1. ¿Quién juzga a las personas dentro de la iglesia? (1 Corintios 5:12)

2. ¿Quién juzga a las personas fuera de la iglesia? (1 Corintios 5:13)

3. ¿Qué les pasará a los falsos profetas que niegan a Yeshua?

4. ¿Por qué los falsos profetas te explotarán? (2 Pedro 2:3)

5. ¿Dónde son mantenidos los ángeles que pecaron hasta el juicio?

6. ¿Quién puede rescatar a los piadosos de los juicios?

7. ¿Qué animal le habló a Balán? (2 Pedro 2:16)

8. "El ____ regresa a su propio vómito, y la puerca tras ____ regresa a revolcarse en el lodo".

9. "Sus trabajos fueron ____ con la creación del mundo".

10. ¿Qué queda para el pueblo de Yah? (Hebreos 4:9)

RE'EH

Lee Deuteronomio 11:26-16:17.
Encuentra y haz un círculo en cada una
de las palabras de la siguiente lista.

PASCUA	EGIPTO	SHABAT	OFRENDA
COLUMNAS	DIEZMO	SUKKOT	LEVITA
CERDO	BENDICIÓN	IMPURO	LIMPIO
MALDICIÓN	MANDAMIENTOS	SIN LEVADURA	ÍDOLOS

Re'eh

Dibuja un ejemplo de una ofrenda de grano, aceite, vino y animal.

Escribe una lista de cinco animales o aves limpios y cinco impuros.

Esta porción de la Torá me enseña...

Diseña una sukkah para la Fiesta del Sukkot.

LIMPIO E IMPURO

Abre tu Biblia y lee Deuteronomio 14.
Responde las preguntas. Colorea la imagen.

1. ¿Por qué el cerdo es impuro? (versículo 8)

....
....
....
....

2. ¿Qué podemos comer de las aguas? (versículo 10)

....
....
....
....

3. ¿Los insectos alados son limpios o impuros? (versículo 19)

....
....
....
....

⭐ RE'EH ⭐

"Hoy les doy a elegir entre la bendición y la maldición: bendición, si escuchan-obedecen los mandamientos que Yo, el Señor su Dios, hoy les mando escuchar-obedecer; maldición, si desobedecen los mandamientos del Señor su Dios y se apartan del camino que hoy les mando seguir, y se van tras dioses extraños que jamás han conocido."

Deuteronomio 11:26-28

Re'eh

"¡¿Ya ves?!"

רְאֵה

Traza la palabra Hebrea aquí:	Escribe la palabra Hebrea aquí:

REFLEXIONEMOS: RE'EH

Abre tu Biblia y lee los versículos mencionados a continuación.
Reflexiona estas preguntas con tu familia, amigos y compañeros de clase.

1. Lee Deuteronomio 11:26-32. ¿Por qué es sabio seguir las instrucciones de Yah?

2. Lee Deuteronomio 13:1-18 y 2 Pedro 2. ¿Qué es un falso profeta? ¿Cómo puedes identificar un falso profeta? ¿Por qué crees que Yah les dijo a los Israelitas que condenaran a muerte a los falsos profetas?

3. Lee Deuteronomio 14:1-21. Nombra cinco comidas limpias y cinco impuras que puedas encontrar en tu supermercado local. ¿Por qué crees que Yah te pide no comer comida impura?

4. Lee Deuteronomio 15:7-11. La Torá nos enseña a cuidar de los pobres y necesitados. Discute una vez en la que hayas ayudado a alguien en necesidad. ¿Cómo te sentiste después?

5. Lee Deuteronomio 16:1-17. Estos son algunos de los Tiempos Designados (mo'edim) de Yah. ¿Cuán importantes son estas Fiestas para ti? ¿Cómo honras la Pascua y la Fiesta del Pan sin Levadura, la Fiesta de las Semanas y la Fiesta de Sukkot (Tabernáculos)?

SHOFTIM, LECTURA DE LA TORÁ

Lee Deuteronomio 16:18-21:9.
Responde las siguientes preguntas.

1. ¿Qué no deben aceptar los jueces? ....

2. ¿Qué le pasará a un Israelita que sea encontrado adorando a otros dioses? ....

3. ¿Qué cuatro cosas no debe adquirir un rey? ....

4. ¿Cuál tribu de Israel no tendrá herencia? ....

5. ¿Qué es una abominación para Yah en Deuteronomio 18:10-11? ....

6. ¿Cuántas ciudades dijo Yah que se apartaran como ciudades de refugio? ....

7. "En la evidencia de dos o tres _____ se establecerá un cargo". ....

8. ¿Qué deben ofrecerle los Israelitas a una ciudad antes de atacarla? ....

9. ¿Qué pueblos les dijo Yah a los Israelitas que destruyeran completamente? ....

10. ¿Por qué Yah les dijo a los Israelitas que destruyeran esos pueblos? ....

SHOFTIM, LECTURA DE LOS PROFETAS

Lee Isaías 51:12-53:12.
Responde las siguientes preguntas.

1. ¿Quién puso las bases de la tierra? ....

2. "He puesto mis palabras en tu boca y te he cubierto con la ____ de Mi mano". ....

3. "Tus hijos han desfallecido; yacen en las ____ de cada calle". ....

4. ¿Con qué animal son comparados los Israelitas en Isaías 51:20? ....

5. ¿Qué ciudad es mencionada en Isaías 52:1? ....

6. ¿Dónde permanecían los Israelitas? ....

7. ¿Quién oprimió a los Israelitas? ....

8. "Cuán hermosos son sobre los ____, los pies del que trae buenas nuevas". ....

9. "Él fue traspasado por nuestras ____; Él fue molido por nuestras iniquidades". ....

10. ¿Cómo qué animal nos hemos perdido? ....

SHOFTIM, LECTURA DE LOS APÓSTOLES

Lee Hebreos 10:28-31, 1 Timoteo 5:17-22 y Hechos 7:35-53.
Responde las siguientes preguntas.

1. ¿Qué le pasará a quien sea que se aparte de la ley de Moisés? (Hebreos 10:28) ....

2. "Yah juzgará a Su _____". (Hebreos 10:30) ....

3. ¿Qué es una cosa temible? ....

4. ¿Quiénes son dignos de doble honor? (1 Timoteo 5:17) ....

5. ¿Qué merecen los trabajadores? ....

6. ¿Qué debes hacer con aquellos que siguen pecando? (1 Timoteo 5:20) ....

7. ¿A quién designó Yah como gobernante sobre los Israelitas?

   (Hechos 7:35) ....

8. ¿A quién le pidieron los Israelitas que fabricara un becerro en el desierto? ....

9. ¿Por qué Yah envió a los Israelitas al exilio más allá de Babilonia? ....

10. ¿Quién construyó una casa (templo para Yah)? (Hechos 7:47) ....

SHOFTIM

Lee Deuteronomio 16:18-21:9.
Encuentra y haz un círculo en cada una de las palabras de la siguiente lista.

JUEZ   SOBORNO   PLATA   CABALLOS
HOREB   PROFETA   TESTIGO   SACERDOTES
REFUGIO   CIUDAD   GANADO   GUERRA
ASESINATO EJÉRCITO   REY   SACRIFICIO

Shoftim

Dibuja tu escena favorita de esta Porción de la Torá.

Lee Deuteronomio 16:19. No debo aceptar sobornos porque...

Esta porción de la Torá me enseña...

Escribe una lista de cosas que Yah prohíbe en Deuteronomio 18:10-12.

REYES DE ISRAEL

Abre tu Biblia y lee Deuteronomio 17.
Responde las preguntas. Colorea la imagen.

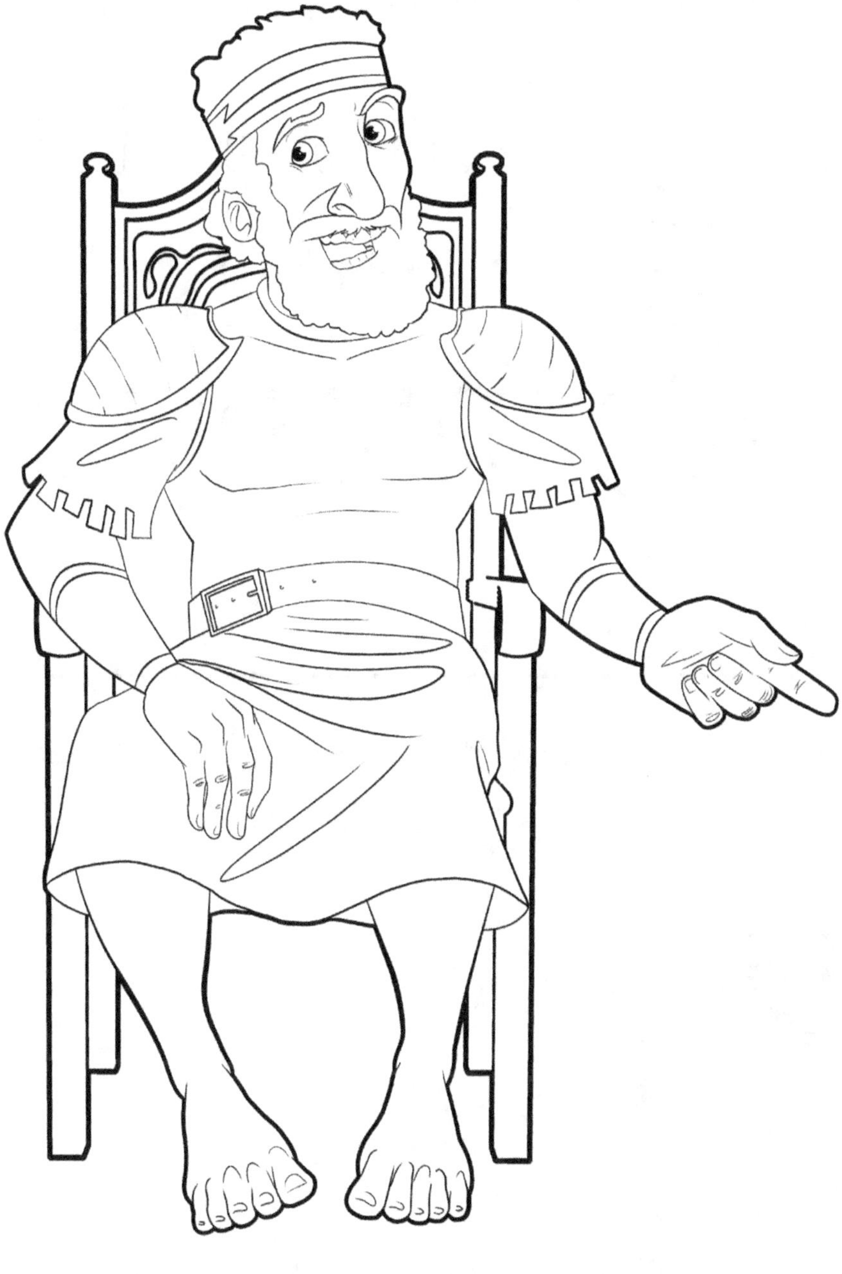

1. ¿De entre quiénes los Israelitas deben elegir un rey? (versículo 15)

....
....
....
....

2. ¿Por qué un rey no puede tener muchas esposas? (versículo 17)

....
....
....
....

3. ¿Qué debe leer un rey todos los días de su vida? (versículo 19)

....
....
....
....

SHOFTIM

"Jueces y oficiales pondrás en todas tus ciudades que Yah tu Dios te dará en tus tribus, los cuales juzgarán al pueblo con justo juicio. No tuerzas el derecho; no hagas acepción de personas, ni tomes soborno; porque el soborno ciega los ojos de los sabios, y pervierte las palabras de los justos."

Deuteronomio 16:18-19

Shoftim

"Jueces"

שֹׁפְטִים

Traza la palabra Hebrea aquí:

Escribe la palabra Hebrea aquí:

REFLEXIONEMOS: SHOFTIM

Abre tu Biblia y lee los versículos mencionados a continuación.
Reflexiona estas preguntas con tu familia, amigos y compañeros de clase.

1. Lee Deuteronomio 16:18-20. ¿Por qué es importante no aceptar sobornos?

2. Lee Deuteronomio 16:21-17:7 y 18:10-12. ¿Qué prácticas dice Yah que son una abominación para Él? ¿Cómo puedes alejarte de estas prácticas mundanas en tu vida diaria?

3. Lee Deuteronomio 17:14-20. ¿Por qué crees que Yah ordenó a los reyes de Israel leer la Torá todos los días de su vida? ¿Cómo habría bendecido a los Israelitas el tener reyes piadosos?

4. Lee Deuteronomio 18:15-22. ¿Qué dice este pasaje de la Biblia sobre un futuro profeta? ¿Quién fue como un segundo Moisés en el Nuevo Testamento, guiando a los Israelitas hacia Yah y la Torá?

5. Lee Deuteronomio 17:8-13 y 1 Timoteo 5:17-22. Yah nos pide ser respetuosos con los líderes espirituales que Él designó. ¿Cuánto respeto muestras por los líderes de tu congregación?

KI TEITZEI, LECTURA DE LA TORÁ

Lee Deuteronomio 21:10-25:19.
Responde las siguientes preguntas.

1. ¿Qué debe hacer un hombre Israelita con una mujer prisionera con la que él quiera casarse? ....

2. ¿Quién recibe una porción doble de herencia? ....

3. ¿Qué le pasará a un hijo rebelde? ....

4. ¿En qué día se debe sepultar a un hombre colgado? ....

5. ¿Qué no puedes sembrar en tu viñedo? ....

6. ¿Qué le pasará al hombre que sea encontrado acostado con la esposa de otro hombre? ....

7. ¿Cuáles dos naciones tienen prohibido entrar a la asamblea de Yah? ....

8. ¿A quién puedes cobrarle intereses? ....

9. ¿Cuánto tiempo puede un hombre recién casado estar libre en casa para pasar tiempo con su esposa? ....

10. ¿En qué día debes pagarle a un trabajador contratado? ....

KI TEITZEI, LECTURA DE LOS PROFETAS

Lee Isaías 54:1-10.
Responde las siguientes preguntas.

1. "Ensancha el espacio de tu carpa, y despliega las _____ de tu morada". ....

2. ¿Qué debes alargar? ....

3. ¿Quién poseerá las naciones? ....

4. "Olvidarás la _____ de tu juventud". ....

5. ¿Quién es tu esposo? ....

6. ¿Quién es tu Redentor? ....

7. ¿Cómo Yah te ha llamado? ....

8. ¿Cómo Yah se reunirá contigo? ....

9. ¿Qué le juró Yah a Noé? ....

10. "Mi fiel _____ por ti no cambiará". ....

KI TEITZEI, LECTURA DE LOS APÓSTOLES

Lee Lucas 10:29-37, 1 Corintios 11:2-15 y Marcos 10:2-12. Responde las siguientes preguntas.

1. ¿A dónde iba el viajero? (Lucas 10:30) ....

2. ¿Cuáles dos hombres no se detuvieron a ayudar al viajero herido? ....

3. ¿Quién llevó al viajero herido a una posada? ....

4. ¿Cuánto dinero le dio el Samaritano al encargado de la posada? ....

5. ¿Quién es la cabeza de cada hombre? (1 Corintios 11:3) ....

6. ¿Quién es la cabeza de una esposa? ....

7. "A ella se le ha dado ____ por velo". (1 Corintios 11:15) ....

8. ¿Quién le preguntó a Yeshua si "¿está bien que un hombre se divorcie de su mujer"? (Marcos 10:2) ....

9. "El hombre dejará a su ____ y a su ____ y se unirá a su esposa". ....

10. "Lo que Yah ha unido, que no lo ____ el hombre". (Marcos 10:9) ....

KI TEITZEI

Lee Deuteronomio 21:10-25:19.
Encuentra y haz un círculo en cada una
de las palabras de la siguiente lista.

```
U Y Y R V R R X A Y Q P O C L S Y N S D
M Z I W U C G H R C Y L Z A F U M O E I
K N U M H T D N V S A Q R S M S Z F S V
Y W D F P Y A D O J H M B A H S O F P O
E U Q Q S U J R C A S A P R N O D U O R
E C Y I Y O R G B Z J U N A G B P R S C
S Y K I W R G O C D X C O W M C N X A I
C A J K I A L R E O K F K D Q E G Y H O
L Z O M D I R I X B S H R D Q O N Y U O
A W B A Z Y F N T A X E U S Y U F T X X
V V U T A N Q L V F C N C E V B T S O U
O T O A P Y G Z F M U F A H V O A O V S
U R K Z H E R E N C I A C E A O J T G R
P R I S I O N E R O S B B C F G S H X
X X K B X Z H K D R K D A B Z W P L S X
I H A X O W A N V D Z I P X W X A J K I
M P R I M O G É N I T O I N T E R É S M
W I F H B M O J F C C L R T X Q D U T M
D O B L E P O R C I Ó N H Q H D L G B V
M O A B I T A X E W Z D Q M O I S É S Q
```

PRIMOGÉNITO   CAMPAMENTO   INTERÉS   IMPURO
DOBLE PORCIÓN   HUEVOS   ESCLAVO   MOABITA
DIVORCIO   HERENCIA   CASA   PRISIONEROS
ESPOSA   COSECHA   CASAR   MOISÉS

Ki Teitzei

Lee Deuteronomio 25:17-18. Dibuja a los Amalequitas y a los Israelitas reuniéndose en el desierto.

¿Qué nos ordenó hacer Yah cuando encontremos el nido de un ave?

Esta porción de la Torá me enseña...

Lee Deuteronomio 22:12. Dibuja a alguien en tu familia usando un par de tzitzits.

CASARSE CON PRISIONERAS

Abre tu Biblia y lee Deuteronomio 21.
Responde las preguntas. Colorea la imagen.

1. ¿Qué debe hacer un hombre Israelita con una mujer prisionera con la que él quiera casarse?
(versículos 12-13)

....
....
....
....

2. ¿Por cuánto tiempo puede una mujer prisionera llorar por su madre y su padre?
(versículo 13)

....
....
....
....

3. ¿Qué pasará si un Israelita ya no quiere casarse con una mujer prisionera?
(versículo 14)

....
....
....
....

KI TEITZEI

"Cuando salgas a la guerra contra tus enemigos, y Yah tu Dios los entregara en tu mano, y tomaras de ellos cautivos, y veas entre los cautivos a alguna mujer hermosa, y la codiciaras, y la tomaras para ti por mujer, la meterás en tu casa; y ella rapará su cabeza, y cortará sus uñas."

Deuteronomio 21:10-12

Ki Teitzei

"Cuando salgas"

כִּי תֵצֵא

Traza la palabra Hebrea aquí:

Escribe la palabra Hebrea aquí:

REFLEXIONEMOS: KI TEITZEI

Abre tu Biblia y lee los versículos mencionados a continuación.
Reflexiona estas preguntas con tu familia, amigos y compañeros de clase.

1. Lee Deuteronomio 21:10-25:19. ¿Qué diferentes áreas de vida son abarcadas por las instrucciones de Yah en esta Porción de la Torá?

2. Lee Deuteronomio 21:18-21. ¿Cuál era el castigo para un hijo rebelde? Si esta ley se aplicara hoy en día, ¿cómo crees que cambiaría el comportamiento de la gente?

3. Lee Deuteronomio 22:5. ¿Por qué crees que Yah no quiere que hombres y mujeres usen la ropa del otro?

4. Lee Números 15:37-41 y Deuteronomio 22:12. ¿Por qué Yah les pidió a los Israelitas usar tzitzits?

5. Lee Deuteronomio 23:7-8. ¿Por qué Yah les dijo a los Israelitas que no aborrecieran a los Edomitas y a los Egipcios?

6. Lee 1 Corintios 11:2-15. ¿Quién es la cabeza de un hombre y de una esposa? ¿Qué es el velo de una mujer?

KI TAVO, LECTURA DE LA TORÁ

Lee Deuteronomio 26:1-29:8.
Responde las siguientes preguntas.

1. ¿Qué deben hacer los Israelitas con las primicias de sus cosechas? ....

2. ¿Cómo trataron los egipcios a los Israelitas en Egipto? ....

3. ¿Cuál año es el año del diezmo? ....

4. ¿Dónde se les dijo a los Israelitas que colocaran piedras grandes? ....

5. ¿Qué les dijo Yah a los Israelitas que escribieran en las piedras? ....

6. ¿Qué pasará si los Israelitas obedecen los mandamientos de Yah? ....

7. ¿Qué pasará si los Israelitas desobedecen los mandamientos de Yah? ....

8. ¿Dónde hizo Yah un pacto con el pueblo de Israel? ....

9. ¿Por cuánto tiempo Moisés guió a los Israelitas en el desierto? ....

10. ¿Cuáles tribus de Israel recibieron la tiera del rey Sehón y el rey Og como su herencia? ....

KI TAVO, LECTURA DE LOS PROFETAS

Lee Isaías 60:1-22.
Responde las siguientes preguntas.

1. "Las naciones serán guiadas por tu luz, y los reyes, por tu ____ amanecer".

2. ¿De dónde vendrán los camellos jóvenes?

3. ¿Qué traerán esos camellos con ellos?

4. ¿Qué rebaños se reunirán con los Israelitas?

5. ¿Quién ha hecho al pueblo de Israel hermoso?

6. ¿Quién construirá los muros de los Israelitas?

7. ¿Qué estará abierto continuamente?

8. ¿Qué tipo de madera del Líbano es usada en el santuario?

9. "En vez de ____ traeré oro, y en vez de ____ traeré plata".

10. "Tu pueblo será ____; poseerá la tierra para siempre".

KI TAVO, LECTURA DE LOS APÓSTOLES

Lee Romanos 2:6-11, Lucas 21:1-4, 1 Juan 2:3-6.
Responde las siguientes preguntas.

1. ¿Qué les dará Yah a todos los que hacen el bien? (Romanos 2:10) ....

2. ¿Qué les pasará a todos los que hacen el mal? ....

3. "Yah no muestra _____." (Romanos 2:11) ....

4. ¿Dónde los ricos pusieron sus regalos? (Lucas 21:1) ....

5. ¿La viuda era rica o pobre? ....

6. ¿Cuánto dinero puso la viuda en la caja de ofrendas? ....

7. ¿Qué les dijo Yeshua a las personas acerca de la pobre viuda? ....

8. ¿Cómo logramos conocerlo? (1 Juan 2:3) ....

9. "El que dice 'lo conozco' pero no obedece Sus _____ es un mentiroso". ....

10. ¿Qué es perfeccionado en aquellos que guardan Su palabra? ....

KI TAVO

Lee Deuteronomio 26:1-29:8.
Encuentra y haz un círculo en cada
una de las palabras de la siguiente lista.

HOREB	TORÁ	PRIMICIAS	OBEDECER
MALDICIÓN	ALTAR	TRIBUS	PACTO
DIEZMO	PIEDRAS	MONTE EBAL	JORDÁN
BENDICIÓN	COSECHA	SACERDOTE	MOISÉS

Ki Tavo

Dibuja el altar de piedra en el Monte Ebal.

Lee Deuteronomio 26:1-19. Doy el diezmo porque...

Esta porción de la Torá me enseña...

Escribe cinco bendiciones y cinco maldiciones por obedecer / desobedecer las instrucciones de Yah.

BENDICIONES POR OBEDIENCIA

Abre tu Biblia y lee Deuteronomio 28.
Responde las preguntas. Colorea la imagen.

1. ¿Qué bendecirá Yah si obedeces Sus mandamientos? (versículo 4)

....
....
....
....

2. ¿Qué les hará Yah a tus enemigos si obedeces Sus mandamientos? (versículo 7)

....
....
....
....

3. ¿Qué hará Yah si solo lo adoras a Él? (versículo 12)

....
....
....
....

KI TAVO

"Cuando hayas entrado en la tierra que Yah tu Dios te da por herencia, y tomes posesión de ella y la habites, entonces tomarás de las primicias de todos los frutos que sacares de la tierra que Yah tu Dios te da, y las pondrás en una canasta, e irás al lugar que Yah tu Dios escogiera para hacer habitar allí Su Nombre."

Deuteronomio 26:1-2

Traza la palabra Hebrea aquí:	Escribe la palabra Hebrea aquí:
כִּי תָבוֹא	

REFLEXIONEMOS: KI TAVO

Abre tu Biblia y lee los versículos mencionados a continuación.
Reflexiona estas preguntas con tu familia, amigos y compañeros de clase.

1. Lee Deuteronomio 26:1-19, Lucas 21:1-4 y 2 Corintios 9:6-11. ¿Por qué es importante el diezmo y dar a Yah?

2. Lee Deuteronomio 28:1-14. ¿En qué condiciones Yah bendecirá a Su pueblo? Discute las bendiciones mencionadas en este pasaje de la Biblia. ¿Has visto alguna de estas bendiciones en tu vida?

3. Lee Deuteronomio 28:15-68. ¿Qué pasará si Su pueblo se rehúsa a obedecer Su Torá? ¿Ves evidencia de estas maldiciones en la sociedad actual?

4. Lee 1 Juan 2:3-6. ¿Cómo Yah sabe que lo amamos?

5. Lee Romanos 2:6-11. ¿Qué significa no mostrar parcialidad? ¿Cómo puedes aplicar esto a tu propia vida?

NITZAVIM, LECTURA DE LA TORÁ

Lee Deuteronomio 29:9-30:20.
Responde las siguientes preguntas.

1. ¿Por qué es sabio mantener las palabras del pacto y cumplirlas? ....

2. ¿Con quién hizo Yah un pacto? ....

3. ¿Qué ciudades destruyó Yah? ....

4. ¿Por qué Yah destruyó esas ciudades? ....

5. ¿Cuándo Yah restaurará las fortunas de los Israelitas y mostrará misericordia? ....

6. "Este ____ que hoy te ordeno obedecer no es superior a tus fuerzas". ....

7. ¿Qué pasará si obedecemos los mandamientos de Yah? ....

8. ¿Qué pasará si servimos a otros dioses? (Deuteronomio 30:18) ....

9. "Por eso, elige la ____ para que tú y tus descendientes puedan vivir". ....

10. ¿Cuáles son los tres personajes bíblicos mencionados en Deuteronomio 30:20? ....

NITZAVIM, LECTURA DE LOS PROFETAS

Lee Isaías 61:10-63:9.
Responde las siguientes preguntas.

1. ¿Con qué me ha vestido Yah? ....

2. ¿Con qué me ha cubierto Yah? ....

3. ¿Con qué se adorna una novia? ....

4. ¿Qué hará Yah que broten ante todas las naciones? ....

5. ¿Por amor a quién no guardaré silencio? ....

6. ¿Con qué es comparada su salvación? ....

7. ¿Cómo Yah se regocija por ti? (Isaías 62:5) ....

8. ¿Dónde Yah ha colocado centinelas? ....

9. "Ahí viene tu _____; Su recompensa está con Él". ....

10. "¿Quién es este que viene de _____, desde Bosra, vestido de púrpura?" ....

NITZAVIM, LECTURA DE LOS APÓSTOLES

Lee Romanos 10:6-8, Juan 10:1-5 y Hebreos 8:7-12.
Responde las siguientes preguntas.

1. ¿Dónde está la Palabra? (Romanos 10:8)

2. ¿Quién es un ladrón y un bandido? (Juan 10:1)

3. "El que entra por la puerta es el ____ de las ovejas".

4. "Las ovejas escuchan Su voz y Él llama a sus ____ por sus nombres y las deja salir".

5. ¿Por qué las ovejas siguen al pastor?

6. ¿De quién huirán las ovejas? (Juan 10:5)

7. ¿Con quiénes Yah establecerá un pacto renovado? (Hebreos 8:8)

8. ¿De qué tierra trajo Yah a los Israelitas?

9. ¿Dónde Yah pondrá su Torá? (Hebreos 8:10)

10. "Yo seré su ____ y ellos serán Mi pueblo".

NITZAVIM

Lee Deuteronomio 29:9-30:20. Encuentra y haz un círculo en cada una de las palabras de la siguiente lista.

JACOB	BENDICIÓN	NACIONES	ARREPENTIR
EGIPTO	TORÁ	ISRAELITAS	JORDÁN
SODOMA	MANDAMIENTOS	VIDA	ISAAC
ABRAHAM	GOMORRA	PACTO	PERDONAR

Nitzavim

Dibuja los Diez Mandamientos en dos tablas de piedra.

Lee Deuteronomio 30:15-20. Elijo la vida al...

Esta porción de la Torá me enseña...

Lee Juan 10:1-5. Diseña un corral para las ovejas.

EL PASTOR

Abre tu Biblia y lee Juan 10:1-5.
Responde las preguntas. Colorea la imagen.

1. ¿Dónde viven las ovejas? (versículo 1)

....
....
....
....

2. ¿Por qué las ovejas seguirán al pastor? (versículo 4)

....
....
....
....

3. ¿De quién huirán las ovejas? (versículo 5)

....
....
....
....

☆ NITZAVIM ☆

"Guardarás, pues, las palabras de este pacto, y las pondrás por obra, para que prosperes en todo lo que hagas. Ustedes todos están hoy en presencia de Yah su Dios; los cabezas de sus tribus, sus ancianos y sus oficiales, todos los varones de Israel…"

Deuteronomio 29:9-10

Nitzavim — "De pie" — נִצָּבִים

Traza la palabra Hebrea aquí:	Escribe la palabra Hebrea aquí:
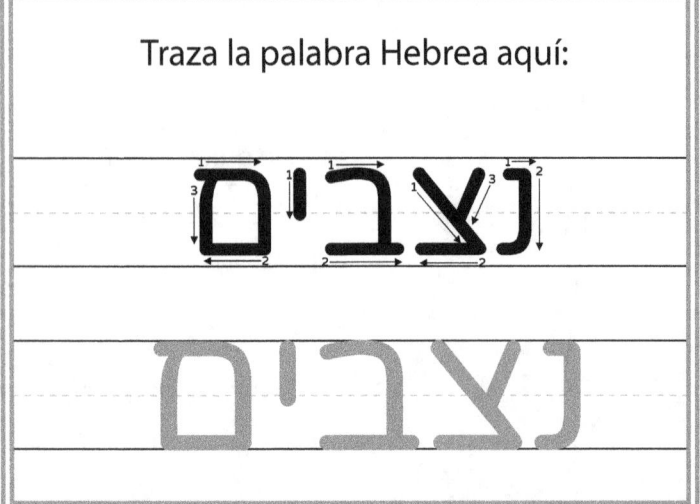	

REFLEXIONEMOS: NITZAVIM

Abre tu Biblia y lee los versículos mencionados a continuación.
Reflexiona estas preguntas con tu familia, amigos y compañeros de clase.

1. Lee Deuteronomio 29:16-29. ¿Por qué Yah destruyó las ciudades de Sodoma y Gomorra, Admá y Zeboyín? ¿Qué significa olvidar a Yah y adorar otros dioses? ¿Cómo puedes evitar que esto pase en tu propia vida?

2. Lee Deuteronomio 30:1-20. ¿Qué dice Yah que traerá vida? ¿Qué dice Él que traerá muerte?

3. Lee Deuteronomio 30:3 y Hebreos 8:7-12. ¿Dónde crees que están hoy en día las Casas de Judá e Israel?

4. Lee Deuteronomio 30:6. ¿Qué significa circuncidar tu corazón? ¿Cómo Yah hace esto?

5. Lee Deuteronomio 30:11-20. Yah dice que Sus mandamientos no son arduos. ¿Estás de acuerdo?

6. Lee Juan 10:1-5. En nuestras vidas espirituales, ¿quién es nuestro pastor? ¿Cómo llegamos a conocerlo?

VAYELEJ, LECTURA DE LA TORÁ

Lee Deuteronomio 31:1-30.
Responde las siguientes preguntas.

1. ¿Qué edad tenía Moisés cuando les habló a los Israelitas? ....

2. ¿Sobre qué río Moisés no tenía permitido pasar? ....

3. ¿Quién no dejará u olvidará a los Israelitas? ....

4. ¿Quién llevó el Arca de la Alianza? ....

5. ¿A qué tribu de Israel pertenecían los sacerdotes? ....

6. ¿Qué deben leer los Israelitas en el Sukkot? ....

7. ¿Cómo apareció Yah en la carpa? ....

8. ¿Qué le dijo Yah a Moisés que harían los Israelitas después de que muriera? ....

9. ¿Quién era el padre de Josué? ....

10. ¿Qué les dijo Moisés a los Levitas que pusieran junto al Arca? ....

VAYELEJ, LECTURA DE LOS PROFETAS

Lee Isaías 55:6-56:8.
Responde las siguientes preguntas.

1. "Busquen al Señor mientras pueda ser ____; llámenlo mientras se encuentre cerca". ....

2. "Mis ____ no son tus pensamientos..." ....

3. ¿Qué baja del cielo? ....

4. ¿Qué no debe regresar vacía a Yah? ....

5. ¿Cómo serás guiado? ....

6. ¿Qué aplaudirá? ....

7. ¿Qué saldrá en vez de zarzas? ....

8. "Observen el derecho y practiquen la ____, Mi salvación está por llegar". ....

9. ¿Qué les promete Yah a las personas que respetan el Shabat? (Isaías 56:6-7) ....

10. ¿La casa de quién será llamada casa de oración? ....

VAYELEJ, LECTURA DE LOS APÓSTOLES

Lee Hebreos 13:5, Romanos 8:31, 37
y Hebreos 8:7-12.
Responde las siguientes preguntas.

1. ¿De qué debemos mantener libre nuestra vida? (Hebreos 13:5) ....

2. "Nunca te ____ ni te abandonaré". ....

3. "Si Yah está por nosotros, quién puede estar ____ nosotros". ....

4. "Somos más que ____ por medio de Él que nos amó". ....

5. ¿Con quién Yah establecerá un pacto renovado? ....

6. ¿De qué tierra trajo Yah a los Israelitas? ....

7. ¿Dónde pondrá Yah Su Torá? ....

8. "Yo seré su Dios y ellos serán Mi ____". ....

9. ¿Ante qué Yah será misericordioso? ....

10. ¿Qué no recordará más Yah? ....

VAYELEJ

Lee Deuteronomio 31:1-30. Encuentra y haz un círculo en cada una de las palabras de la siguiente lista.

```
J J B H F F Z Y F I H Y I S R A E L K H
E O A N M K I O A P Z F W S C I B H N F
W U S F I S A C E R D O T E S M H Q E D
D C W U P M B L B K T G Z Z G T I N C J
A T A W É Y S B U H P A V I L T K M I O
Y A O N J E S R A D Y W X A E I G B O R
W V S R C E R C K T M L E N V A F H E D
J U M A Á I Q L W C K X Y T I G Y V I Á
F F C P M X Ó C M I E C J E T V W P J N
X B A A D B N N L Y P S Q P A S F S A D
P Z E A Z E L R Y L C B U A S K I G N U
L N U K D B J E I S X B O S J F C K P R
Y U U T Y J H T A P Q G W A R S V X D W
C Z Q B Q S V D C E P O Y D P A C T O J
C E A S E N A N A Z X B M O E Y A T W W
A X M D U F N Q W M Y F S K H C Y V X
R L A G T N P O E D I C U X B P S Y R I
C U D E E E R G P X N R D E B X P Y A L
A M O I S É S G K W X H R N X G T D P X
E N U E U T C A R P A V M R M T R X L W
```

JOSUÉ	ASAMBLEA	ANTEPASADOS	ISRAEL
CANCIÓN	NECIO	CARPA	ARCA
NUN	NUBE	LEVITAS	JORDÁN
PACTO	TORÁ	SACERDOTES	MOISÉS

Vayelej

Dibuja a Moisés leyéndoles la Torá a los Israelitas.

Honro la Fiesta de Sukkot al…

Esta porción de la Torá me enseña..

Conforme a lo que has aprendido en Deuteronomio, describe el carácter de Moisés.

LOS ISRAELITAS

Abre tu Biblia y lee Deuteronomio 31.
Responde las preguntas. Colorea la imagen.

1. ¿Quién se convertirá en el nuevo líder de Israel? (versículo 14)

....
....
....
....

2. ¿Cómo se les apareció Yah a Moisés y Josué? (versículo 15)

....
....
....
....

3. ¿Dónde pusieron los Levitas el Libro de la Ley? (versículo 26)

....
....
....
....

VAYELEJ

"Fue Moisés y habló estas palabras a todo Israel, y les dijo: Este día soy de edad de ciento veinte años; no puedo más salir ni entrar; además de esto Yah me ha dicho: No pasarás este Jordán."

Deuteronomio 31:1-2

Vayelej

"Y el se fue"

וַיֵּלֶךְ

Traza la palabra Hebrea aquí:	Escribe la palabra Hebrea aquí:
וילך	
וילך	

REFLEXIONEMOS: VAYELEJ

Abre tu Biblia y lee los versículos mencionados a continuación.
Reflexiona estas preguntas con tu familia, amigos y compañeros de clase.

1. Lee Deuteronomio 31:12-13 y Proverbios 22:6. El Discipulado comienza con los padres enseñándoles a sus hijos el Camino de Yah. ¿Cómo tus padres te enseñan la Torá?

2. Lee Deuteronomio 31:9-11. ¿Cómo honras la Fiesta de Sukkot (Tabernáculo)? ¿Por qué crees que Yah les dijo a los Israelitas que leyeran la Torá cada vez que se reunieran para el Sukkot?

3. Lee Deuteronomio 31:14-1. ¿Por qué crees que Yah eligió a Josué para dirigir a los Israelitas?

4. Lee Hebreos 13:5. ¿Por qué crees que es importante mantener tu vida libre del amor por el dinero?

5. Lee Hebreos 8:7-12. ¿Dónde están hoy en día las Casas de Judá e Israel? ¿Realmente están "perdidas"?

HA'AZINU, LECTURA DE LA TORÁ

Lee Deuteronomio 32:1-52.
Responde las siguientes preguntas.

1. "Que mi ____ caiga como lluvia y mis palabras desciendan como rocío". ....

2. ¿Quién engordó? ....

3. ¿Cómo los Israelitas hicieron enfadar a Yah? ....

4. ¿Quién les recitó estas palabras a los Israelitas? ....

5. "Por estas palabras vivirán mucho tiempo en la ____ que van a poseer al otro lado del Jordán". ....

6. ¿Qué monte le dijo Yah a Moisés que escalara? ....

7. ¿Dónde estaba éste monte? ....

8. ¿En qué monte murió Aarón? ....

9. ¿Qué ciudad es mencionada en Deuteronomio 32:49? ....

10. ¿Por qué Yah no le permitió a Moisés entrar en la Tierra Prometida? ....

HA'AZINU, LECTURA DE LOS PROFETAS

Lee 2 Samuel 22:1-51.
Responde las siguientes preguntas.

1. ¿Quién habló las palabras de esta canción? ....

2. ¿De quién libró Yah a David? ....

3. "Yah es mi ____, mi fortaleza y mi libertador". ....

4. ¿A quién invocó David en su angustia? ....

5. ¿De dónde Yah escuchó la voz de David? ....

6. ¿Qué salió del resplandor? ....

7. ¿Qué envió Yah desde el Cielo? ....

8. ¿De qué David no se apartó? ....

9. ¿Quién le dio a David la fuerza para la batalla? ....

10. "El Señor da grandes ____ a su rey; a su ungido David y a sus descendientes les muestra por siempre su gran ____". ....

HA'AZINU, LECTURA DE LOS APÓSTOLES

Lee Romanos 9:24-29, Revelación 3:14-21 y Mateo 10:5-6.
Responde las siguientes preguntas.

1. ¿Qué profeta es mencionado en Romanos 9:25? ....

2. ¿Qué profeta es mencionado en Romanos 9:27? ....

3. ¿Cómo quiénes hubieran sido los Israelitas si Yah no les hubiera permitido tener descendencia? ....

4. ¿A cuál iglesia se le da este mensaje en Revelación 3:14? ....

5. ¿Por qué Yah quiere escupir a esta iglesia fuera de Su boca? ....

6. ¿Por qué Yah dice que compremos de Él oro refinado con fuego? ....

7. ¿Qué les hace Yah a aquellos que Él ama? ....

8. ¿Qué le pasará a aquel que venza? ....

9. ¿A dónde les dijo Yeshua a Sus discípulos que fueran? (Mateo 10:6) ....

10. ¿A dónde les dijo Yeshua a Sus discípulos que no fueran? (Mateo 10:5) ....

HA'AZINU

Lee Deuteronomio 32:1-52.
Encuentra y haz un círculo en cada una de las palabras de la siguiente lista.

CELOSO	MANDAMIENTOS	NEBO	CIELOS
ROCA	DESIERTO	CANAÁN	ÁGUILA
SODOMA	LLUVIA	IRA	MOISÉS
SIERVOS	ESPADA	UVAS	FLECHA

Ha'azinu

Si esta Porción de la Torá fuera un libro, la portada sería así...

Esta porción de la Torá me enseña...

Haz una lista de las cosas buenas que Yah hizo por David en 2 Samuel 22:1-51.

Dibuja a Moisés viendo la Tierra Prometida desde el Monte Nebo.

DAVID

Abre tu Biblia y lee 2 Samuel 22:1-51.
Responde las preguntas. Colorea la imagen.

1. ¿A quién invocó David en su angustia? (versículo 7)

....
....
....
....

2. ¿Por qué Yah rescató a David? (versículo 20)

....
....
....
....

3. ¿De qué no se apartó David? (versículo 22-23)

....
....
....
....

www.biblepathwayadventures.com
D'varim | Deuteronomio - Libro de Actividades con Porciones de la Torá

© BPA Publishing Ltd 2020

HA'AZINU

"Escuchen, cielos, y hablaré; Y oiga la tierra los dichos de mi boca. Goteará como la lluvia Mi enseñanza; Destilará como el rocío Mi razonamiento; Como la llovizna sobre la grama, Y como las gotas sobre la hierba…"

Deuteronomio 32:1-2

Ha'azinu

"Escuchen"

הַאֲזִינוּ

Traza la palabra Hebrea aquí:

הַאֲזִינוּ

האזינו

Escribe la palabra Hebrea aquí:

REFLEXIONEMOS: HA'AZINU

Abre tu Biblia y lee los versículos mencionados a continuación.
Reflexiona estas preguntas con tu familia, amigos y compañeros de clase.

1. Lee Deuteronomio 32:44-47. ¿Por qué es importante aprenderse las instrucciones de Yah?

2. Lee Deuteronomio 32:48-52. Moisés fue el líder de los Israelitas, pero aun así le prohibió que entrara a la Tierra Prometida. ¿Por qué? ¿Qué puedes aprender de esta lección que Yah le enseñó a Moisés?

3. Lee 2 Samuel 22 y Hechos 13:22. Yah dijo que David era un hombre conforme a Su propio corazón. ¿Por qué crees que era eso? ¿David siguió la Torá de Yah?

4. Lee Mateo 10:5-6. Yeshua les dijo a Sus discípulos que fueran y predicaran el evangelio a las ovejas perdidas de Israel. ¿Quiénes son estas ovejas perdidas? ¿Dónde están hoy en día?

5. Lee Revelación 3:15-21. ¿Qué crees que significa ser tibio acerca de tu fe? ¿Por qué crees que Yah prefiere que seas más bien caliente o frío?

V'ZOT HABERAJAH, LECTURA DE LA TORÁ

Lee Deuteronomio 33:1-34:12.
Responde las siguientes preguntas.

1. ¿Desde dónde resplandeció Yah? ....

2. ¿Qué debes darle a Levi? ....

3. ¿Quién debe enseñarles a los Israelitas las instrucciones de Yah (Torá)? ....

4. ¿Quién rodea a Benjamín todo el día? ....

5. ¿Quién debe llamr a los pueblos a sus montes? ....

6. ¿Quién se agacha como un león? ....

7. ¿Con qué animal es comparado Dan? ....

8. ¿Dónde murió Moisés? ....

9. ¿Qué edad tenía Moisés cuando murió? ....

10. ¿Por cuánto tiempo el pueblo de Israel lloró y guardó luto por Moisés? ....

V'ZOT HABERAJAH, LECTURA DE LOS PROFETAS

Lee Josué 1:1-18.
Responde las siguientes preguntas..

1. ¿Quién guió a los Israelitas a la Tierra Prometida? ....

2. "Todo lugar que la planta de sus ____ toque, se los he dado". ....

3. ¿Qué río se menciona en Josué 1:4? ....

4. ¿Quién nunca dejará o abandonará a Josué? ....

5. ¿Qué no debe separarse de la boca de Josué? ....

6. "No tengas ____ ni te desanimes, porque Yah tu Elohim está contigo a dondequiera que vayas". ....

7. ¿Con cuáles tres tribus habló Josué? ....

8. ¿Quiénes dijeron Josué y Moisés que se quedarían en la tierra? ....

9. "Tal como obedecimos a ____ en todas las cosas, te obedeceremos a ti". ....

10. ¿Qué dijeron las tribus de Rubén, Gad y Manasés que le pasaría a quien desobedeciera a Josué? ....

V'ZOT HABERAJAH, LECTURA DE LOS APÓSTOLES

Lee Hechos 3:22-23, Hechos 7:17-44 y Hebreos 3:5.
Responde las siguientes preguntas.

1. "Moisés dijo, 'Yah hará surgir para ustedes a un _____ como yo de entre sus hermanos".

   ....

2. ¿Qué tipo de siervo era Moisés?

   ....

3. ¿Qué se le enseñó a Moisés en Egipto? (Hechos 7:22)

   ....

4. ¿Qué edad tenía Moisés cuando huyó hacia la tierra de Madián?

   ....

5. ¿Cuántos hijos tuvo Moisés?

   ....

6. ¿Dónde se le apareció un Ángel a Moisés?

   ....

7. ¿Por qué Yah le dijo a Moisés que se quitara sus sandalias?

   ....

8. ¿Quién guió a los Israelitas fuera de Egipto?

   ....

9. ¿Por cuánto tiempo estuvieron los Israelitas en el desierto?

   ....

10. ¿Por qué Yah envió a los Israelitas al exilio? (Hechos 7:43)

    ....

V'ZOT HABERAJAH

Lee Deuteronomio 33:1-34:12.
Encuentra y haz un círculo en
cada una de las palabras de la siguiente lista.

```
A V L L X T J Z B R P S N S A I P Z X E
B L N F Y F E O U F R J E D W L M A K O
R U K L G D E V S R W N L O F E A B N S
A B P P R U B É N É I O V D O C I U B M
H O E P E A I Q A L O P J D D T T L J O
A R P N E Y L U N Q P H M Z I Z P Ó X A
M Z C K J C Y G T F G D N R I X I N C B
E P I W Q A D X K N E F T A L Í I H M N
E H A W Y C M D T E H L O L E V I G K A
J M G H G O M Í J Z J Y U O O E D V W S
F Z O H X C F E N E N A S V I R J R T H
P W I Q C E N J Q V R J L T B E O I Z E
S I N A Í N A T C Z Y I B U C H S U D R
E H W E A C G D H N J A C J C G U Z U E
W A V D A K R Y K S R A P Ó Z F É B F H
O M G D L R F D A N M T W Z W U N D R U
J X H A Q P F E W O N C D K A U P N O S
Z B E N D I C I Ó N G I D V W H W U H W
U C V L V K S X B A O F U Q Q F N I T O
C W O K H N J U D Á V V C G J U E V D B Y
```

GAD	ABRAHAM	ASHER	RUBÉN
MOAB	BENDICIÓN	SINAÍ	NEFTALÍ
JOSUÉ	JERICÓ	LEVI	JUDÁ
DAN	JOSÉ	ZABULÓN	BENJAMÍN

V'Zot HaBerajah

Dibuja tu escena favorita de la vida de Moisés en Egipto.

Como Moisés, puede servirle fielmente a Yah al...

Haz una lista de las tribus de Israel en esta Porción de la Torá.

Esta porción de la Torá me enseña...

EL SIERVO FIEL

Abre tu Biblia y lee Hechos 7:17-44.
Responde las preguntas. Colorea la imagen.

1. Dónde creció Moisés?
(versículos 17-20)

....
....
....
....

2. ¿Quién envió a Moisés
a Egipto a liberar a los
Israelitas? (versículo 34)

....
....
....
....

3. ¿Por cuánto tiempo Moisés
guio a los Israelitas a través
del desierto? (versículo 36)

....
....
....
....

V'ZOT HABERAJAH

"Esta es la bendición con la cual bendijo Moisés varón de Dios a los hijos de Israel, antes que muriese. Dijo: Yah vino de Sinaí, y de Seir les esclareció resplandeció desde el monte de Parán, y vino de entre diez millares de santos…"

Deuteronomio 33:1-2

V'Zot HaBerajah

"Y ésta es la bendición"

וְזֹאת הַבְּרָכָה

Traza la palabra Hebrea aquí:

Escribe la palabra Hebrea aquí:

REFLEXIONEMOS: V'ZOT HABERAJAH

Abre tu Biblia y lee los versículos mencionados a continuación.
Reflexiona estas preguntas con tu familia, amigos y compañeros de clase.

1. Lee Deuteronomio 33:1-29. ¿Qué bendición le dio Moisés a cada tribu de Israel?

2. Lee Deuteronomio 34:1-4. ¿Qué tan grande era la Tierra Prometida? Encuentra un mapa del Oriente Medio y dibuja los límites del Israel bíblico mencionado ene estos pasajes de la Biblia.

3. Lee Josué 1: 6-9. ¿Por qué crees que Yah le dijo a Josué que meditara sobre Su Palabra día y noche? ¿Escuchar y obedecer (shemá) las instrucciones de Yah te dan sabiduría? Si es así, comparte un ejemplo de tu propia vida.

4. Lee Hechos 7:35-43. ¿Por qué crees que los Israelitas le dijeron a Aarón que fabricara un becerro de oro?

5. Lee Hechos 7:35-44. ¿Cómo el escape de los Israelitas de Egipto y su viaje a través del desierto se compara con tu camino espiritual? ¿Ves algunas similitudes?

GUÍA DE RESPUESTAS

D'varim, Lectura de la Torá
1. Once días
2. Sehón rey de los Amorreos, y a Og rey de Basán
3. Jueces
4. Las ciudades y la gente eran más grandes que los Israelitas y los hijos de Anac vivían allí
5. Caleb y Josué
6. Cuarenta años
7. Los Moabitas
8. Ar
9. Nueve codos de largo y cuatro codos de ancho
10. Miedo

D'varim, Lectura de los Profetas
1. Amoz
2. Judá
3. Uzías, Jotam, Acaz y Ezequías
4. Pueblo
5. El Santo de Israel
6. Sangre
7. Incienso
8. Escarlata
9. Comerán lo bueno de la tierra
10. Sion

D'varim, Lectura de los Apóstoles
1. "Haznos dioses que vayan delante de nosotros; porque a este Moisés, que nos sacó de la tierra de Egipto, no sabemos qué le pasó".
2. Un becerro de oro
3. Moloc
4. Tabernáculo del testimonio
5. Igualdad (sin mostrar parcialidad o favoritismos)
6. Los ricos
7. Prójimo
8. Por su incredulidad
9. El séptimo día
10. Voz

¡Gigantes!
1. Las personas y ciudades eran más grandes que los Israelitas. Los Hijos de Anac (una raza de gigantes) vivían en la tierra.
2. Og, rey de Basán
3. Nueve codos de largo, cuatro codos de ancho

Va'etjanan, Lectura de la Torá
1. Josué
2. Ordeno
3. Moisés
4. Dos tablas de piedra
5. Moisés
6. Para que Él pudiera instruir a los Israelitas
7. Béser, Ramot y Golán
8. Shabat
9. Nuestra madre y nuestro padre
10. Los Heteos, Gergeseos, Amorreos, Cananeos, Ferezeos, Heveos y Jebuseos

Va'etjanan, Lectura de los Profetas
1. Desierto
2. La Palabra de Yah
3. Poder
4. Como un pastor
5. Como una gota de agua de un balde
6. Líbano
7. Langostas
8. Sobre los círculos de la tierra
9. Como una cortina
10. Príncipes y gobernantes

Va'etjanan, Lectura de los Apóstoles
1. La ira de Yah
2. Poder eterno y naturaleza divina
3. Necios
4. Por imágenes en forma de un hombre corruptible, aves, animales y reptiles
5. ¿Cuál es el mandamiento más importante?
6. "Amarás a Yah tu Elohim con todo tu corazón, con toda tu alma, con toda tu mente y con toda tu fuerza".
7. "Amarás a tu prójimo como a ti mismo".
8. Amar a Yah con todo tu corazón, entendimiento y fuerza, y amar al prójimo como a uno mismo
9. Cuerpo
10. Precio

Eikev, Lectura de la Torá
1. Enfermedad
2. Quemarlos en fuego
3. Para humillarlos y ponerlos a prueba, para saber qué había en sus corazones, y saber si respetarían Sus mandamientos
4. Sus ropas
5. Disciplina
6. Maná
7. Perecerán
8. Lo quemó con fuego, lo redujo a un fino polvo y arrojó ese polvo a un arroyo
9. Madera de acacia
10. La tierra se los tragó

Eikev, Lectura de los Profetas
1. "Yah me ha abandonado; mi Señor se ha olvidado de mí".
2. Esculpido
3. Reyes
4. Reinas
5. Aquellos que esperan por Yah
6. Redentor
7. Certificado de divorcio
8. Oscuridad
9. Abraham y Sara
10. En Edén

Eikev, Lectura de los Apóstoles
1. La disciplina de Yah
2. A aquel que Él ama
3. Padre
4. Por su propio bien, para que puedan compartir Su Santidad
5. Un fruto apacible de justicia para los que en ella han sido entrenados
6. Contra
7. Se sienta a la diestra del Padre, intercediendo por nosotros
8. Vencedores
9. Mandamientos
10. El amor de Yah es perfeccionado

Instrucciones de Yah
1. Yah amará, bendecirá y multiplicará a los Israelitas. Bendecirá el fruto de su vientre y su tierra, su grano, vino y aceite, e incrementará sus ganados y rebaños
2. Enfermedad y plagas
3. La plata y el oro de los falsos dioses de los paganos

Re'eh, Lectura de la Torá
1. Una bendición y una maldición
2. Las imágenes de Asera
3. El diezmo del trigo, aceite, los primogénitos de las manadas o rebaños o cualquier ofrenda de promesa o voluntaria o una contribución
4. Egipto
5. Pueblo
6. Aletas, escamas
7. Una cabra joven
8. Él no tiene porción ni herencia
9. Será liberado
10. Siete días

Re'eh, Lectura de los Profetas
1. Carbones
2. Agua
3. En un fuego
4. Siervo
5. Transgresiones
6. Yah nuestro Redentor
7. Ciro
8. Allanaré
9. Jacob
10. Otro

Re'eh, Lectura de los Apóstoles
1. Creyentes
2. Yah
3. Atraerán hacia ellos pronta destrucción
4. Avaricia
5. Prisiones de oscuridad lúgubre
6. Yah
7. Una asna (una muda bestia de carga)
8. Perro, lavarse
9. Terminados
10. Un reposo de Shabat

Limpio e impuro
1. Porque no rumia
2. Cualquier cosa que tenga aletas y escamas
3. Impuros

Shoftim, Lectura de la Torá
1. Sobornos
2. Será apedreado hasta la muerte
3. Muchos caballos, esposas y plata y oro excesivos
4. Tribu de Leví (Levitas)
5. Una persona que sacrifique a su hijo o hija en el fuego, practique adivinación, brujería o hechicería; que haga conjuros, sirva de médium espiritista o consulte a los muertos
6. Tres ciudades
7. Testigos
8. Términos de paz
9. Los Heteos, Amorreos, Cananeos, Ferezeos, Heveos y Jebuseos
10. Para que los Israelitas no aprendieran sus malas costumbres y adoraran otros dioses

Shoftim, Lectura de los Profetas
1. Yah
2. Sombra
3. Esquinas
4. Un antílope
5. Jerusalén
6. Tierra de Egipto
7. Los Asirios
8. Montes
9. Transgresiones
10. Oveja

Shoftim, Lectura de los Apóstoles
1. Morirán sin misericordia por la evidencia de dos o tres testigos
2. Pueblo
3. Caer en las manos del Dios viviente
4. Los ancianos que gobiernen bien, especialmente aquellos que predican y enseñan
5. Sus salarios
6. Reprenderlos delante de la congregación para que los demás también teman
7. Moisés
8. Aarón
9. Porque los Israelitas adoraban a otros dioses (adulterio espiritual)
10. Rey Salomón

Reyes de Israel
1. De entre sus pueblos (tribus de Israel)
2. En caso de que su corazón se aleje de Yah
3. La Torá

Ki Teitzei, Lectura de la Torá
1. Llevarla a casa, donde se le afeitará la cabeza, se le cortarán las uñas y se le removerán las ropas con las cuales fue capturada
2. El primogénito, hijo de la esposa no amada
3. Será apedreado hasta la muerte por los hombres de la ciudad
4. El mismo día
5. Dos tipos de semillas
6. Ambos serán condenados a muerte
7. Amonitas y Moabitas
8. Un extranjero
9. Un año
10. En el mismo día que haya trabajado, antes del anochecer

Ki Teitzei, Lectura de los Profetas
1. Cortinas
2. Tus cuerdas
3. Tu descendencia
4. Vergüenza
5. Tu creador
6. El Santo de Israel
7. Como a una esposa abandonada y angustiada en espíritu
8. Con gran compasión
9. Que las aguas no volverían a cubrir la tierra
10. Amor

Ki Teitzei, Lectura de los Apóstoles
1. De Jerusalén a Jericó
2. Un sacerdote y un Levita
3. Un Samaritano
4. Dos denarios
5. Yeshua
6. Su esposo
7. Cabello
8. Un Fariseo
9. Madre, padre
10. Separe

Casarse con prisioneras
1. Llevarla a casa, donde se le afeitará la cabeza, se le cortarán sus uñas y se le removerán las ropas con las cuales fue capturada
2. Un mes completo
3. Deberá dejarla a ir a donde ella quiera

Ki Tavo, Lectura de la Torá
1. Llevarlas al sacerdote, quien las colocará frente al altar de Yah
2. Severamente
3. El tercer año
4. Monte Ebal
5. La Torá
6. Serán bendecidos y puestos en alto sobre todas las naciones
7. Estarán malditos en todo lo que hagan
8. Horeb
9. Cuarenta años
10. Los Rubenitas, Gaditas y media tribu de Manasés

Ki Tavo, Lectura de los Profetas
1. Esplendoroso
2. Madián, Efa y Sabá
3. Oro, incienso y buenas nuevas
4. Rebaños de Cedar
5. El Santo de Israel (Yah)
6. Los extranjeros
7. Puertas
8. Ciprés, olmo y pino
9. Bronce, hierro
10. Justo

Ki Tavo, Lectura de los Apóstoles
1. Gloria, honor y paz
2. Angustia y sufrimiento
3. Parcialidad
4. La caja de ofrendas
5. Pobre
6. Dos pequeñas monedas de cobre
7. "Esta viuda pobre ha dado más que todos los demás. Ellos dieron sus ofrendas de lo que les sobraba; pero ella, de su pobreza, echó todo lo que tenía para su sustento"
8. Respetando Sus mandamientos
9. Mandamientos
10. El amor de Yah

Bendiciones por obediencia
1. Yah bendecirá a tus hijos, tus cosechas, tus ganados y rebaños
2. Yah hará que tus enemigos sean derrotados ante ti
3. Yah te dará lluvia cuando la necesites, bendecirá tu trabajo y tú les prestarás a muchas naciones, pero no tomarás prestado de nadie

Nitzavim, Lectura de la Torá
1. Para que puedas prosperar en todo lo que hagas
2. El pueblo de Israel
3. Sodoma y Gomorra, Admá y Zeboyín
4. Porque abandonaron el pacto y sirvieron a otros dioses
5. Cuando el pueblo se arrepienta (regresen a Yah y Sus Caminos)
6. Mandamiento
7. "Vivirás y te multiplicarás, y Yah tu Elohim te bendecirá en la tierra de la que vas a tomar posesión".
8. Serás destruido y no vivirás mucho tiempo en la tierra
9. Vida
10. Abraham, Isaac y Jacob

Nitzavim, Lectura de los Profetas
1. Ropas de salvación
2. Manto de la justicia
3. Joyas
4. Justicia y alabanza
5. Por el bien de Sion
6. Una antorcha encendida
7. Como un novio que se regocija por su novia,
8. Los muros de Jerusalén
9. Salvación
10. Edom

Nitzavim, Lectura de los Apóstoles
1. En tu boca y en tu corazón
2. El hombre que no entra por la puerta al corral de las ovejas, sino que trepa y se mete por otro lado
3. Pastor
4. Ovejas
5. Conocen Su voz
6. Un desconocido
7. La Casa de Israel y la Casa de Judá
8. Tierra de Egipto
9. Pondré mi Torá en sus mentes y la escribiré en sus corazones
10. Dios

El Pastor
1. En un corral
2. Conocen Su voz
3. Un desconocido

Vayelej, Lectura de la Torá
1. Moisés tenía 120 años de edad
2. El Jordán
3. Yah
4. Los Levitas
5. Levi
6. La Torá
7. En una columna de nube
8. Se irán tras otros dioses y los adorarán (adulterio espiritual)
9. Nun
10. Libro de la Ley

Vayelej, Lectura de los Profetas
1. Hallado
2. Pensamientos
3. Lluvia y nieve
4. Su palabra
5. En paz
6. Árboles de los campos
7. Cipreses
8. Justicia
9. "Los llevaré a Mi monte santo; los llenaré de alegría en Mi casa de oración; y aceptaré los holocaustos y sacrificios en Mi Altar".
10. La casa de Yah

Vayelej, Lectura de los Apóstoles
1. Amor por el dinero
2. Dejaré
3. Contra
4. Vencedores
5. Con la Casa de Judá y la Casa de Israel
6. Tierra de Egipto
7. Él pondrá Su Torá en sus mentes y la escribirá en sus corazones
8. Pueblo
9. Las iniquidades de Su pueblo
10. Los pecados de Su pueblo

Los Israelitas
1. Josué
2. En una columna de nube
3. Al lado del Arca de la Alianza

Ha'azinu, Lectura de la Torá
1. Enseñanza
2. Jesurún
3. Adorando a otros dioses
4. Moisés
5. Tierra
6. Nebo
7. Tierra de Moab
8. Monte Hor
9. Jericó
10. Porque Moisés no trató a Yah como sagrado ante los Israelitas

Ha'azinu, Lectura de los Profetas
1. David
2. Sus enemigos y Saúl
3. Roca
4. Yah
5. Su templo (casa)
6. Carbones encendidos
7. Flechas
8. La Torá (las reglas, instrucciones y estatutos de Yah)
9. Yah
10. Victorias, amor

Ha'azinu, Lectura de los Apóstoles
1. Oseas
2. Isaías
3. Habitantes de Sodoma y Gomorra
4. Laodicea
5. Porque es tibia
6. Para que seas rico
7. Reprender y disciplinar
8. Yah le concederá sentarse al lado de Su Trono
9. Ante las ovejas perdidas de la Casa de Israel (las diez tribus esparcidas)
10. Las ciudades de los Samaritanos

David
1. Yah, El Dios de Abraham, Isaac y Jacob
2. Porque Yah se agradó de David
3. Las instrucciones, estatutos y reglas de Yah (Torá)

V'Zot HaBerajah, Lectura de la Torá
1. Monte Parán
2. Tumim y Urim
3. Los Levitas
4. Yah
5. Zabulón
6. Gad
7. Un cachorro de león
8. Tierra de Moab
9. Moisés tenía 120 años de edad
10. Treinta días

V'Zot HaBerajah, Lectura de los Profetas
1. Josué
2. Pies
3. El Éufrates
4. Yah
5. Libro de la Ley (Torá)
6. Miedo
7. Rubén, Gad y Manasés
8. Las esposas, niños y ganado de Rubén, Gad y Manasés
9. Moisés
10. Sería condenado a muerte

V'Zot HaBerajah, Lectura de los Apóstoles
1. Profeta
2. Un siervo fiel
3. Toda la sabiduría de los egipcios
4. Cuarenta años de edad
5. Dos hijos
6. En un arbusto ardiente
7. Moisés estaba parado sobre suelo santo
8. Moisés
9. Cuarenta años
10. Les hicieron sacrificios a ídolos y adoraron dioses falsos, ej., Moloc y Refán

El siervo fiel
1. Tierra de Egipto
2. Yah
3. Cuarenta años

◆◇ DESCUBRE MÁS LIBROS DE ACTIVIDADES ◇◆

Disponibles para comprar en shop.biblepathwayadventures.com

¡DESCARGA INSTANTÁNEA!

Libro de Actividades de la Porción Semanal de la Torá
Libro de Actividades Limpios e Inmundos
Libro de Actividades Festivos de Primavera
Bereshit | Génesis - Libro de Actividades con Porciones de la Torá
Shemot | Éxodo - Libro de Actividades con Porciones de la Torá
Vayikra | Levítico - Libro de Actividades con Porciones de la Torá
B'midbar | Números - Libro de Actividades con Porciones de la Torá
D'varim | Deuteronomio - Libro de Actividades con Porciones de la Torá

www.ingramcontent.com/pod-product-compliance
Lightning Source LLC
Chambersburg PA
CBHW081156070526
44583CB00021B/2867